SAUZEAU DE PUYBERNEAU

MONOGRAPHIE

SUR

LES SAINTES

(DÉPENDANCE DE LA GUADELOUPE)

PRIX : 2 FRANCS

BORDEAUX
IMPRIMERIE DU MIDI — PAUL CASSIGNOL
91 — RUE PORTE-DIJEAUX — 91
1901

SAUZEAU DE PUYBERNEAU

MONOGRAPHIE

SUR

LES SAINTES

(DÉPENDANCE DE LA GUADELOUPE)

PRIX : 2 FRANCS

BORDEAUX
IMPRIMERIE DU MIDI — PAUL CASSIGNOL
91 — RUE PORTE-DIJEAUX — 91
1901

A Monsieur PAUL-EUGÈNE THOMAS

Voici, mon cher Thomas, une longue causerie; c'est une simple et rapide collection des souvenirs qui me sont restés des Saintes.

Veuillez, je vous prie, accepter cette offre surtout comme l'expression spontanée de mon grand désir de mieux faire connaître votre pays.

Je m'estimerai satisfait si vous pensez que je puis tourner vers lui les yeux de quelques-uns.

Mai 1901.

S. de P.

MONOGRAPHIE

SUR

LES SAINTES

(Dépendance de la Guadeloupe)

I

Géographie.

Les Saintes, situées à trois lieues environ au Sud-Est de la pointe dite du Vieux Fort du littoral de la Guadeloupe, sont une série de petites îles dont l'irrégulier ensemble constitue la plus curieuse des dépendances de la colonie.

Chacune d'elles possède des caractères particuliers, mais elles concourent toutes plus ou moins à former une rade à laquelle elles assurent des qualités incomparables.

Ces îles sont, par ordre d'importance : *Terre d'en Haut, Terre d'en Bas, l'Ilet à Cabrits,* le *Grand Ilet, la Coche, les Augustins, le Pâté, la Redonde.*

Leur groupement, leur configuration générale, leur nature géologique éveillent, d'emblée, l'idée d'une révolution de terrains, d'un travail volcanique dont on pourrait fixer approximativement l'âge soit par la constitution des roches qui entrent dans la composition de leurs couches successives, soit par la variation probable et sensible de leur niveau respectif au-dessus de la mer.

Il est généralement admis — la tradition est gratuite — que dans les siècles antérieurs les Saintes ne formaient qu'un continent, et que c'est à la suite de secousses, de grands tremblements qu'elles sont arrivées à se présenter, de nos jours, en archipel.

Je ne crois pas qu'il en soit ainsi, du moins pour Terre d'en Bas, dont l'aspect est original : c'est une île bien limitée, c'est-à-dire d'une façon presque homogène, classiquement découpée, et que l'on a quelque hésitation à vouloir admettre comme jamais attenante à son voisinage.

Pour être autorisé à porter sur cette difficile question un jugement convenable, il faudrait naturellement faire une sérieuse étude portant, non-seulement sur les diverses assises du sol, mais encore sur les fonds marins, dans une zone étendue. Je ne l'ai soulevée qu'en passant, à cause de l'intérêt qui s'y rattache.

Les embarcations qui pénètrent dans la rade des Saintes, en venant du Nord, sont obligées de suivre une direction que les courants profonds, dits « courants de bas », rendent parfois extrêmement dangereuse. On la désigne sous le nom de *canal des Saintes*. D'une façon commune, on exagère beaucoup la somme des dangers que présente la traversée du canal ; et je puis dire, sans m'éloigner beaucoup de la vérité, que la peur irraisonnée, celle qui s'acquiert le plus souvent par les récits, est la principale des causes pour lesquelles ce pays est si peu connu. Il n'est pas fréquenté des touristes, qui se portent plus volontiers sur des points beaucoup moins intéressants, attirés par des sites moins séducteurs de la Guadeloupe pittoresque.

Le rare voyageur, que le passage du canal a indisposé et inquiété, oublie vite le danger et le mal à la vue du suave dessin qui se précise dans son esprit, presque tout de suite, à cause de la vivacité de ses lignes, malgré le léger voile de malaise qui a pu, un moment, troubler le fini de ses sensations.

Quand on entre, la nuit, dans cette rade, par un de ces calmes qui suivent les grands vents, on semble pénétrer dans un lac. Tout est silence, si ce n'est le léger frôlement de l'eau contre la barque et le soupir intermittent des poulies. C'est à peine si l'on sent que l'on est en face d'une terre habitée, et même l'on prendrait pour de petits phares lointains les blêmes lumières de veillées qui tombent des invisibles maisons et qui se projettent dans l'onde en zigzags tremblotants.

C'est Terre d'en Haut, l'île principale.

Terre d'en Haut.

Un petit village très gai, frais et propre, bâti tout au bord de l'eau! une chaîne de montagnes le domine et s'étend dans toute la longueur de l'île : elle ressemble à une sorte d'échine le long de laquelle se succèdent des pics plus ou moins élevés dont les principaux sont: le *morne à Myr* (110 mètres) qui porte le Fort Napoléon, le *morne Morel* (130 mètres), le *morne Rouge* (100 mètres), qu'il ne faut pas confondre avec la Tête Rouge, autre élévation sans importance où est établie une batterie, le *morne à Craie* (80 mètres), le *Piton* (140 mètres), le *Chameau* (316 mètres), au haut duquel se trouve la Tour Modèle. La chaîne occupe presque le milieu de l'île, et de chaque côté les versants mènent directement à la mer en pente douce, sauf en quelques points où sont taillées de hautes falaises. Celles-ci sont assez nombreuses du côté Est de l'île dont la forme est vaguement convexe; la mer y vient battre avec fracas. De l'autre côté, ouvert à l'Ouest, la forme circulaire de l'île est plus correcte : c'est de ce côté que s'étend le village, de ce côté qu'est la rade.

Le flot a creusé tout autour des baies de toute beauté, auprès d'elles on surprend quelquefois des rêveurs, souvent des paresseux, mais jamais d'artistes. A la baie du *Marigot* qui dort sans jamais troubler l'approche de la *Roche aux Mauves*, succède la baie de *Pont-Pierre,* presque fermée par des rochers connus sous le nom de *Roches Percées,* où viennent bouillonner les grandes vagues du large; plus loin la *Grande Anse,* où des lames énormes se bousculent comme des géants, poussées par les vigoureuses rafales qui soufflent de la Dominique, et s'éclaboussent en s'étendant sur la vaste plage de la baie. C'est un spectacle magnifique! En continuant vers le Sud, on tombe dans l'*Anse Rodrigue* et l'*Anse Figuier,* plus petites et surplombées de chaque côté par des rochers aigus. Ces deux anses, ainsi que celle de *Cahouenne* qui les suit, sont très fréquentées des pêcheurs.

En dedans, se sont dessinées d'autres petites baies, plus discrètes et plus aptes à faire apprécier la saveur et les bienfaits de l'eau de mer : l'*Anse à Myr,* l'une des plus courues par les baigneurs en villégiature, entourée d'un paysage curieux ; l'*Anse du Bourg* où se trouve le débarcadère ; la *Petite Anse,* au pied de l'église ; l'*Anse du Fond Curé,* peu profonde mais étendue ; l'*Anse Galet,* une des mieux partagées comme fond ; l'*Anse du Pain de Sucre,* au vent d'un morne conique tronqué qui porte le nom de l'Anse ; l'*Anse à Cointre* qui offre une assez jolie plage.

Les petits promontoires, qui se détachent et se prolongent quelquefois assez loin de la ligne creuse de ces anses, sont des pointes aiguës et souvent abruptes, qui les font ressembler à d'énormes éperons menaçants. Ce sont en allant du Nord vers l'Est : la *Pointe Portail* ou *Pointe à l'Eau,* en face de laquelle se trouve un haut fond dangereux ; la *Pointe Morel,* la plus avancée dans la mer ; la *Pointe Zozio,* placée bien en face de Marie-Galante ; la *Pointe du Vent,* dans la direction des alizés ; la *Grosse Pointe,* volumineux promontoire qui borne la Grande Anse ; la *Pointe Rodrigue,* large et arrondie celle-là ; la *Pointe de la Redonde,* vis-à-vis de laquelle émerge le rocher de ce nom ; la *Pointe de Boisjoli,* point terminus de l'île au Sud ; le *Pain de Sucre,* gros rocher réuni à la terre par un petit isthme ; la *Tête Rouge,* siège d'une batterie d'artillerie ; la *Pointe de la Petite Anse ;* la *Pointe Coclett,* qui limite la passe des Baleines.

Presque tous les mornes constituent une série d'ascensions dont la fatigue est largement compensée par la vue du délicieux panorama que l'on enveloppe du haut de leur faîte, quel qu'il soit. De la Tour Modèle, surtout, apparaît dans son ensemble Terre d'en Haut, comme un gracieux ruban, harmonieusement découpé sur les bords, vert ou brun suivant les saisons, légèrement jaunâtre dans les baies, avec, en relief, des gaufrures inégales et inégalement espacées ; le ruban se termine par deux gaufrures : le Fort Napoléon et le pic Morel. Du Fort Napoléon, le site est charmant aussi ; toutes les crêtes se profilent vivement sur le fond bleu ; à ses pieds, on voit d'un côté battre la vague monotone et tranquille de la rade, de l'autre se rompre en panache le flot tumultueux et protéique de la grande mer. Quand on fait l'ascension de la Tour Modèle ou du Fort Napoléon, le matin de très bonne heure le soleil qui se lève et dore progressivement l'île, l'air qui apporte sa fraîcheur, le ciel qui étend sa grande nappe d'azur : tout cela est d'un charme difficile à éviter, inoubliable.

Le bourg est divisé en deux parties par la petite église pauvre bâtie sur un tertre ; ces deux parties sont très disparates. La partie Nord, appelée *le Mouillage,* a l'apparence plus riche, plus aristocratique, si tant est que l'on puisse, en l'espèce, se servir de ce terme ; on y voit d'assez belles habitations. Le *Fond Curé,* qui désigne la partie Sud, est plus particulièrement occupé par les pêcheurs qui ont leurs petites maisons sur le bord de l'anse de façon à mieux surveiller leurs embarcations qu'ils échouent tous les jours, et à se trouver plus à même pour les préparatifs que nécessite leur métier.

Pour beaucoup, le Fond Curé est plus digne d'intérêt que le Mouillage. Il est plus pittoresque ; il est d'ailleurs plus étendu en raison de la facilité qu'ont les pêcheurs à y obtenir de l'Etat une concession de terrain.

D'un bout à l'autre, le bourg ne mesure pas moins d'un kilomètre, sans compter le hameau de l'Anse à Myr où sont groupées une dizaine d'habitations d'âge très différent. Ce hameau est un coin délicieux, toujours ombragé : il est devenu une promenade accréditée, 8 à 900 mètres à peine le séparent du centre du bourg.

On peut, au reste, facilement varier ses promenades à Terre d'en Haut qui mesure 5 kilomètres 1/2 dans sa plus grande longueur et 2 kilomètres dans sa plus grande largeur. L'île est étranglée à sa partie moyenne où elle ne mesure que 600 mètres ; c'est au niveau de cet étranglement que la *chapelle des Marins,* maigre ex-voto vaguement entretenu par les femmes des marins, petit pèlerinage annuel de ces derniers, dresse sa simple blancheur fanée, qu'éclaire une pâle lueur de prière.

Terre d'en Bas.

La Terre d'en Bas, ainsi appelée à cause de sa situation sous le vent de l'archipel, dont elle est l'unité la plus à l'Ouest, diffère essentiellement de Terre d'en Haut, non-seulement par sa configuration extérieure, mais encore par sa constitution géologique. Cet îlot semble avoir été plus respecté des soulèvements et des contractions terrestres, et au lieu de débris disséminés de minéralisation volcanique, le sol présente effectivement une plus grande aptitude végétale.

L'altitude de Terre d'en Bas envisagée dans son ensemble est supérieure à celle de Terre d'en Haut. Elle est bordée de hautes falaises qui ne s'interrompent qu'en quelques points pour former les *Petites Anses*, double baie très étroite qui sert de débarcadère aux habitants du bourg ; l'*Anse à Dos,* semblable aux précédentes ; l'*Anse Pajot*, assez grande mais peu profonde ; l'*Anse à Chaux,* en face du Pâté ; la *Grande Anse*, la plus large, la plus sablonneuse, très profonde, rappelant beaucoup son homonyme de Terre d'en Haut : l'*Anse des Mûriers*, la seule qui soit constamment à l'abri des mauvais temps, refuge des marins ; la *Grande Baie* ou *Anse Fidelin*, relativement calme aussi.

Terre d'en Bas fait dans la mer un dessin presque hexagonal dont les angles sont représentés par la *Pointe à Vaches*, la *Pointe Noire*, la *Pointe du Fer à Cheval*, la *Pointe Sud*, le *Gros Cap* et la *Pointe du Gouvernail*.

La superficie de Terre d'en Bas dépasse celle de Terre d'en Haut, car elle mesure 3.300 mètres du Nord au Sud et 3.600 mètres de l'Est à l'Ouest.

Le bourg est bâti à 60 mètres environ au-dessus du niveau de la mer ; on y arrive par un chemin excessivement rapide qui naît des Petites Anses. Terre d'en Haut est distant de Terre d'en Bas de 4.650 mètres (distance rectiligne mesurée de l'Anse du Bourg de l'une à la Grande Anse de l'autre) ; mais il faut compter un trajet triple quand on veut atterrir aux Petites Anses. Le vent et les courants sont tels que les marins eux-mêmes préfèrent à cette traversée celle du Vieux Fort, et depuis longtemps ils demandent que leur commune relève du Vieux Fort au lieu de Terre d'en Haut (perception, contributions, syndicat maritime, service de santé).

Aussi, à la Grande Anse, se trouve un hameau très considérable. Le trajet de la Grande Anse aux Petites Anses est très pénible et demande une heure de marche environ par un sentier composé de roches en escalier, particularité qui a fait donner à ce sentier le nom de *Dégel ;* il faut passer par-dessus un morne de 284 mètres d'altitude, le *morne Létang*, ou *morne Paquet* dont le sommet est un magnifique plateau.

Ilet à Cabrits.

A l'Ouest de Terre d'en Haut, cet îlet contribue à former la passe Nord de la rade à la protection de laquelle elle concourt par sa position naturelle. Trois ou quatre mornes le constituent dans sa presque totalité : le *morne Joséphine* (90 mètres), le *morne Bombarde*, le *morne Cabrits*. On y avait autrefois établi des batteries dont les feux pouvaient au besoin couvrir la rade. Sa conformation rappelle beaucoup celle de Terre d'en Haut, comme laquelle elle présente un ensemble de pointes et d'anses très gracieuses : la *Pointe Bombarde*, la *Pointe à*

Cabrits, la *Pointe du Sable* sont les trois plus importantes et limitent trois baies larges, mais peu profondes : l'*Anse du Bananier* ou *Anse du Vent,* l'*Anse à Chaux,* l'*Anse sous le Vent.* Il mesure, abstraction faite de la superficie des hauteurs, considéré à la base seulement, 750 mètres du Nord au Sud, 1.100 mètres de l'Est à l'Ouest.

L'Ilet à Cabrits n'est pas habité par des particuliers ; il présente un grand intérêt, néanmoins, au point de vue administratif, car c'est là que sont établis un lazaret important et la prison centrale de la colonie.

Près de l'Anse à Chaux, un petit cimetière garde fidèlement les restes des victimes de l'épidémie de choléra de 1865, de triste mémoire.

Au Nord du morne à Cabrits, à une faible distance du rivage, se dresse un rocher innommé dont la forme simule vaguement celle d'un lion.

Le Grand Ilet.

Situé à 1.200 mètres au Sud de Terre d'en Haut, il est assez élevé, lui aussi, au-dessus du niveau de la mer. Il offre également plusieurs mornes dont le plus élevé a 168 mètres. Taillé en falaise du côté de la haute mer, il se perd insensiblement, du côté Nord, en une longue plage sablonneuse au milieu de laquelle est creusé un vaste étang qui ne se dessèche jamais. La forme presque triangulaire de cet îlet le rapproche un peu du précédent, sans pourtant que les pointes terminales ressemblent en rien aux angles de ce dernier : la *Grosse Pointe,* dans le Nord, est abrupte, tandis que la *Pointe Basse,* comme l'indique son nom, constitue, à l'opposé, un point d'atterrissage relativement facile. En face de cette pointe, il y a une série de petits rochers aigus désignés sous le nom de *les Quilles.*

Le Grand Ilet n'est plus habité aujourd'hui que par une seule famille qui s'occupe de l'élevage des moutons. Les terres sont la propriété de plusieurs héritiers, ce qui explique pourquoi elles ne sont pas encore mieux exploitées.

Il est assez étendu en superficie : 1.200 mètres de la Pointe Basse à la *Pointe des Colibris* qui est dans le Sud-Est et 900 mètres de la Pointe Basse à la Grosse Pointe.

La Coche.

C'est un long rocher placé sur la même ligne de latitude que l'îlet que nous venons de voir, dont il est séparé par un bras de mer de 750 mètres, auquel on a donné l'appellation de Passe des Dames. Il est allongé à direction N.-O.-S.-E. ; sa pointe Nord est juste en face de la passe du Sud dont il est distant de 1.800 mètres. Comme le Grand Ilet, il présente une plage très sablonneuse dans le bas du versant tourné du côté de Terre d'en Haut, et se termine au contraire brusquement du côté opposé par une haute falaise ; c'est donc là qu'est la plus grande hauteur du rocher. Il est très étroit : 150 mètres dans sa plus grande largeur, sur 800 mètres de long. Il est inhabité.

Les Augustins.

Groupe de rochers à l'Ouest de la Coche qu'ils touchent presque ; un petit passage étroit et dangereux, la *Passe des Souffleurs,* permet néanmoins d'en faire le tour. Ils n'ont rien d'intéressant.

Le Pâté.

Le Pâté est ce rocher plat qui émerge en face de Terre d'en Bas, à 900 mètres au N.-E. de la Pointe à Vaches. Il rappelle grossièrement la forme du nom qu'il porte. L'ascension en est difficile, et il est encore plus difficile d'échouer un canot au pied de ses falaises. Aux environs, la mer est toujours forte, et il n'est pas prudent de s'y risquer sans le conseil d'un professionnel du timon. Les naufrages ne sont pas rares en cet endroit; il faut avoir une parfaite connaissance des vents.

Le Pâté est la demeure d'oiseaux de toute sorte.

La Redonde.

Elle se présente presque avec la même apparence que le Pâté; elle est plus régulière, moins nue et un peu moins élevée. 150 mètres seulement la séparent de la Terre d'en Haut, près de la Plaine.

II

La Population.

Au point de vue ethnologique, les Saintois ont pour premiers ancêtres les corsaires du Nord, Hollandais et Anglais, qui infestèrent l'Atlantique et les îles après la découverte des deux Amériques. Leur type se rapproche beaucoup de celui des Bretons, dont les émigrations répétées, à certaines époques, ont trouvé un refuge et un avenir du côté du Nouveau-Monde. C'est d'ailleurs les mêmes faits qui se sont présentés pour Saint-Martin, Saint-Barthélemy, la Désirade.

A Terre d'en Haut, la race blanche s'est conservée pure ou à peu près jusqu'à ces dernières années, où des croisements assez nombreux ont commencé à s'opérer. Il en est tout autrement à Terre d'en Bas qui n'a pas eu, comme sa sœur, le bénéfice de l'élément militaire européen pour prolonger son uniformité ethnique et qui ne compte plus que quelques unités rares de blancs. Dans quelques années, il est probable que les Saintois ne se distingueront plus du tout du reste de la population globale de la Guadeloupe, par le fait du mélange égal des races.

En 1830, la population comprenait 600 habitants à Terre d'en Haut, dont le tiers était esclave ; à Terre d'en Bas, le chiffre était le même, avec cette différence que les esclaves en formaient les deux tiers. Vers la même année, la moyenne des décès était de 5 pour 10 naissances à Terre d'en Haut, et de 3 pour 7 naissances à Terre d'en Bas.

D'après une double statistique que nous avons relevée des

vingt dernières années de l'état civil des deux communes, voici la moyenne des naissances et des décès, par an :

De 1880 à 1890 :

A Terre d'en Haut	naissances	décès
A Terre d'en Bas............	naissances	décès

De 1890 à 1900 :

A Terre d'en Haut	naissances	décès
A Terre d'en Bas............	naissances	décès

Je dois rappeler que de 1880 à 1890 la troupe apportait encore son contingent à Terre d'en Haut.

Aujourd'hui, on compte 750 habitants en chiffre rond dans cette commune, et une cinquantaine de plus à Terre d'en Bas.

Ce chiffre des naissances, à l'heure actuelle de crise de dépopulation que nous traversons, nous révèle une des particularités physiologiques les plus intéressantes : la fécondité des femmes.

Je n'ai jamais vu passer dans l'une des deux îles un étranger qui n'ait témoigné sa stupéfaction au sujet de la multitude d'enfants de tous âges qui forment grappe devant les maisons, dans les rues, sur le bord de la mer : il y en a partout. L'étonnement est d'autant plus grand que la plupart des malheureuses mères sont souvent anémiées et de faible constitution. L'ichthyophagie est considérée comme la cause de cette fécondité. « Nous mangeons trop de poisson ! » répètent-elles en manière de consolation pour elles et de renseignements pour nous.

Les enfants, comme les hommes, sont en général robustes et forts, malgré la mauvaise hygiène, malgré la défectueuse alimentation. Au bout de quelques mois, les parents mettent leur progéniture au même régime qu'eux. Cette contradiction entre le résultat et les moyens confirme un peu l'opinion des physiologistes russes qui admettent que l'aliment n'est jamais défavorable quand il est accepté avec une jouissance psychique, quand il est absorbé, en un mot, avec appétit.

Il semblerait que la fécondité des femmes dût amener un accroissement de la population relativement considérable. Mais l'enfant, après avoir fréquenté l'école plus ou moins régulièrement, jusque vers l'âge de quinze ans, s'expatrie pour échapper à une existence pénible, sans avenir, immuablement précaire. Quelques-uns trouvent un débouché dans l'instruction publique; mais la majeure partie de ceux qui sont hantés par le légitime souci du lendemain entrent dans le service des douanes. Les autres deviennent pêcheurs.

Quant aux jeunes filles, leur nombre est dans une proportion supérieure à celui des jeunes gens, cela va sans dire ; aussi telle fillette de quinze à seize ans, admirable de formes, belle même, ce qui n'est pas rare, devient à vingt ans une vieille fille dans l'acception physique du mot.

Le métier de pêcheur est un métier peu lucratif, conséquence forcée de ses oscillations, et d'aucuns sont dans un état de pauvreté navrante. Aussi leurs conditions d'existence font pitié et l'on est vraiment étonné de l'endurance de ces malheureux que la chance et le hasard s'obstinent quelquefois à éprouver d'une façon cruellement aveugle.

Ils prennent l'habitude de se contenter de peu : un mauvais abri où ils vivent avec leur famille et pour nourriture quotidienne (il en est beaucoup qui ne mangent qu'une fois par jour) ils ne prennent que du poisson agrémenté d'une poignée de farine de manioc trempée d'eau ; en plus, une proportion variable de tafia. Rhum, poisson, farine de manioc : telle est leur trilogie alimentaire.

L'anémie qui en résulte se traduit par une décoloration des téguments telle que les habitants de la portion de Terre d'en Haut appelée Fond Curé, où sont casés les pêcheurs, ont l'air infiltrés, œdématiés. Cette constatation jette sur le Fond Curé une note injuste d'insalubrité. A Terre d'en Bas, le régime alimentaire est plus soigné d'une façon générale.

Considérés dans leur ensemble, les Saintois sont intelligents ; mais ils jouissent de la réputation d'être niais. « Etre Saintois » correspond à peu près à « venir de Pontoise ». En

réalité, ils ne sont pas moins éclairés que les insulaires des autres dépendances. Ils manquent d'initiative, ils sont timorés à l'excès ; je pourrais même dire qu'ils ne prennent une détermination quelconque que lorsqu'ils subissent la résultante des influences de leur milieu. C'est même un fait assez curieux que des hommes intrépides, hardis et courageux en mer, soient si fluctuants, indéterminés et pusillanimes en toute autre circonstance.

Leur plus grande crainte est celle du jugement du voisin ; cela suffit à transformer leur spontanéité en une hypocrite bonhomie dont ils prennent d'ailleurs facilement le masque pour l'avenir.

De même, il arrive qu'ils contractent, dès leurs premières relations, de la méfiance et de la jalousie pour tous ceux qui les entourent, et surtout pour les étrangers.

Une grande différence, à ce point de vue, sépare les habitants de Terre d'en Bas de ceux de Terre d'en Haut ; les premiers sont remarquables par leur hospitalité et leur générosité et, s'ils se jalousent un peu, il n'en est pas moins vrai qu'ils sont toujours prêts à se rendre service réciproquement. Comment expliquer cette différence, étant donné que les communications et les relations des deux îles sont les mêmes et le mode d'existence également ?

Ce n'est pas d'ailleurs le seul point de dissemblance entre les deux terres. Tandis qu'à Terre d'en Haut, l'insuccès des entreprises, la dureté du labeur découragent les hommes et les entraînent à un coupable farniente, à Terre d'en Bas, la lutte pour la vie, qui est pourtant plus ardue parce que plus constante (les bateaux de guerre ne leur apportant pas de temps en temps, comme aux autres, la petite manne bienfaisante), l'esprit d'initiative et de résistance, le besoin du succès sont extrêmement développés. Ils se dépensent en besognes de toute sorte, ils sont remuants, expérimentateurs ; et c'est ainsi qu'ils mènent de front la pêche, l'agriculture et la *contrebande*. Je souligne la contrebande, contre laquelle la surveillance douanière est impuissante en raison d'un ensemble de conditions dont les principales sont : la configuration du terrain, la hardiesse des opérations et la discrétion légendaire de cette petite population de Terre d'en Bas. Un malfaiteur ou un simple délinquant est vite trahi à Terre d'en Haut.

Au prix de sacrifices immenses, quelques Saintois, au bout d'un certain nombre d'années, réalisent des économies. Ils deviennent alors avares et continuent leur genre d'existence d'autrefois ; ils affectent même de paraître plus démunis que leurs voisins qui les accusent d'ailleurs de s'être enrichis à leurs dépens.

L'orgueil est un sentiment général chez eux ; leur être et leur paraître diffèrent tellement, tant au point de vue mental qu'au point de vue matériel, qu'il y a, semble-t-il, une personne dans ce qu'ils sont et une personne diamétralement opposée dans ce qu'ils paraissent être. Que l'on me pardonne la banalité du détail, mais pour m'expliquer, je ne citerai qu'un fait que tout le monde peut contrôler : les femmes et surtout les jeunes filles sortent les pieds nus tant qu'il s'agit de vaquer aux travaux du ménage dont elles extériorisent le moins possible le côté domestique proprement dit, mais sont chaussées de souliers de satin pour aller au bal, ou de bottines riches pour se rendre à la messe : et toute la toilette est à l'avenant.

Il est inutile que je m'étende sur les petites particularités d'orgueil du même genre, qui montrent combien cette population, apparemment intéressante par sa simplicité, est doublée d'un fond de vanité décourageante.

Les vents, les courants, les migrations de poissons, les étoiles : tout ce qui, en résumé, constitue pour eux la mer, satisfait à l'ensemble de leurs exigences intellectuelles. Ils sont ignorants de l'art et ne sont jamais tourmentés par un problème métaphysique.

Ils adoptent toutes les superstitions au hasard, par naïveté ou par crainte. C'est ainsi qu'ils ne monteront pas une embarcation non bénie ou chargée de crabes, qu'ils s'armeront des grigris les plus bizarres pour faire bonne pêche, qu'ils s'adresseront à la sorcellerie pour un motif banal. C'est encore ainsi — le fait alors devient plus grave — que leurs malades sont toujours les sujets et quelquefois les victimes des magnétiseuses du pays pour qui toute maladie trouve sa rubrique dans le cadre suivant : « blessé (désordres internes inconnus), inflammation universelle, refroidissement, empoisonnement ».

Et, d'ailleurs, ils n'ont aucune pratique de leur religion comme les autres groupements de marins et de pêcheurs ; ils travaillent le dimanche comme les autres jours et ne vont jamais à l'église. J'en ai connu qui faisaient baptiser leur canot et qui négligeaient de faire donner le baptême à leurs enfants.

Le culte des morts même leur est presque inconnu ; les cimetières sont envahis par des plantes sauvages, l'entrée en est ouverte au bétail ; les tombes sont mal entretenues. Et, nous le savons, le culte des morts est la tradition la plus respectueusement et la plus sévèrement observée chez les créoles. Cette indifférence envers les chers disparus ne laisse donc pas que d'étonner même les plus indifférents. Lorsque le petit — oh ! bien petit — convoi a fermé la tombe de l'éternel endormi, le silence des pauvres mausolées n'est jamais troublé par le pâtre de la vallée, car il n'y a pas de pâtre, mais seulement par celui des promeneurs ou des curieux.

Les Saintois pratiquent l'union libre sur une grande échelle. C'est la façon simple d'échapper à la prostitution si commune à d'autres populations qui leur ressemblent par ailleurs. Les femmes acceptent la vie partagée avec quelqu'un qui les protège ; elles le font, à tort ou à raison, sans honte, par amour souvent, par orgueil aussi. Quoi qu'il en soit, légitimes ou accidentelles, elles possèdent au plus haut degré le dévouement à leur maître et à leurs enfants. C'est un sentiment inaltérable chez elles, dût l'infortune, la misère les accabler ensuite. Dans cet ordre d'idées, elles sont vraiment belles. Et, il faut le dire, les hommes leur en sont reconnaissants.

Quant au mariage proprement dit, il me paraît si comique

dans sa préparation que je ne puis résister au plaisir de montrer comment il ressemble à celui des Indous, avec une nuance de civilisation assez pittoresque. Lorsque le prétendant croit venu, pour lui, le moment de se présenter aux parents de la jeune fille vers laquelle l'entraînent ses juvéniles ardeurs, il s'arme d'une feuille de papier timbré. Sur cette feuille, il a stipulé qu'il s'engage à épouser la jeune fille : la forme de l'acte varie, c'est le fond que je donne. Le prétendant est souvent un mineur! Dès lors, la porte de la maison lui est ouverte. Son papier timbré lui donne droit à toutes les licences. La confiance et la tranquillité des parents sont désormais acquises, il ne peut rien arriver, le timbre est là. La pièce est connue de tout le monde et personne ne s'avise de porter un mauvais pronostic.

Malgré tous leurs défauts, malgré la violence qui accompagne certaines questions, la politique par exemple, l'adultère, aucun acte de méchanceté ne se commet. Le crime est inconnu aux Saintes. La violence est toute de gestes, de menaces et d'interminables disputes, qui m'ont souvent amusé, tant par leur caractère même, que par les intonations spéciales de langage des deux parties en querelle.

III

Saisons. Vents. Climats.

Aux Saintes, comme dans toutes les Antilles, l'année se divise en deux saisons très nettes : la saison sèche ou fraîche qui va de décembre à avril; la saison humide ou chaude, plus longue de beaucoup, qui comprend le reste.

La saison sèche, ainsi appelée contrairement à l'autre, parce que les pluies sont rares, acquiert parfois un degré extrême d'acuité. On la passe quelquefois tout entière sans qu'il tombe une goutte d'eau. C'est une vraie misère alors pour les habitants, qui en souffrent d'une façon lamentable. Les quelques petites mares artificielles et les citernes ne peuvent fournir de l'eau potable pendant cinq mois, car indépendamment de leur faible contenance, les fermentations sont rapides, l'eau s'altère et détermine vite des accidents gastro-intestinaux. Jusqu'à ces dernières années, l'approvisionnement en eau a dû se faire dans les communes de la Guadeloupe voisines, quand la saison se prolongeait au delà de ses limites ordinaires, ce qui arrive souvent.

Actuellement, après entente entre les autorités administratives, les vastes citernes que comportent certains établissements sont mises à la disposition de la population, et malgré les quelques tiraillements qu'amènent les distributions, elle est assurée maintenant de n'avoir plus la crainte de mourir de soif.

A Terre d'en Bas, où il n'y a pas de citernes de ce genre, la commune a dû s'imposer des sacrifices très lourds pour construire une citerne publique qui est bien exposée, bien comprise.

Il est vraiment regrettable qu'au peu d'élévation des mornes se joigne leur déboisement partiel. Il m'a été impossible de faire comprendre l'action de la végétation sur les nuages à ces braves gens qui coupent au hasard, suivant le besoin, déboisent sans discernement, et sont rebelles à admettre que s'il y a des terrains dont la nature s'oppose a *priori* à toute végétation, il en est d'autres dont ils disposent qui s'y prêtent très bien.

Grâce à cette sécheresse opiniâtre les pâturages disparaissent, en causant un préjudice considérable aux troupeaux de bêtes à cornes qui sont parfois décimés. Les cultures sont alors complètement brûlées.

A Terre d'en Bas, dont l'altitude générale est plus grande qu'à Terre d'en Haut, les pluies sont relativement plus fréquentes, la sécheresse est moins longue. D'ailleurs, les bois sont plus touffus, les terrains plus propices.

Il est encore plus regrettable que le nombre des sources soit aussi restreint, car elles suppléeraient dans la mesure de leurs forces lentes, mais continues. A Terre d'en Haut, j'en connais quatre ; mais ce sont plutôt des filtrations, l'eau coule en bavant, en glacis ; ce sont le *Saut d'eau* près l'anse Figuier ; le *Courbaril* au-dessus de l'anse du Vent ; la *source de la Plaine*, en face la Redonde ; la *source des Souffleurs*.

Il n'y a guère qu'une source conséquente aux Saintes, c'est la *source du Grand Ilet*, qui peut fournir une centaine de litres en vingt-quatre heures.

Je ne parle pas des rivières, il n'y en a pas : ce qui semble surprendre à première vue les voyageurs qui connaissent la Dominique où il y a une foule de cours d'eau (365, je crois), Marie-Galante où de belles usines sont facilement alimentées, et même la Désirade, où, pourtant, la sécheresse se fait sentir aussi dans les années malheureuses.

On passe d'une saison à l'autre graduellement, sauf dans les cas où la saison de l'hivernage est annoncée brusquement par un cyclone révolutionnaire qui bouleverse les éléments et confond les sensations. Tout le monde garde encore en mémoire le cyclone du 7 août 1898 qui fut, somme toute, d'une exceptionnelle clémence pour les Saintes.

De novembre à février, les vents soufflent du Nord, Nord-Est, direction des alizés; à partir de février, ils perdent de leur régularité, varient de l'Est à l'Ouest en passant par le Sud. Les vents alizés soufflent, en général, avec force, mais d'une façon presque continue, si bien que les marins persistent à voyager sans modifier leurs conditions d'équipage, malgré les puissantes rafales et la houle terrible qu'ils se contentent de combattre par une plus grande surveillance de timonerie. Ils redoutent davantage l'époque de l'hivernage, où de faibles brises, des calmes opiniâtres, sont suivis parfois de vents d'une violence extrême et soudaine, en même temps que se forment en mer de gros nuages inquiétants et des orages puissants.

La température moyenne de la saison fraîche est de 20 à 21°; celle de la saison chaude de 29 à 30°. C'est en somme une température assez douce, surtout si l'on y compare celle des autres localités où la température maxima de la journée n'hésite pas à franchir 34° pendant toute la durée de l'hivernage.

Les Saintes, à part les quelques séries de calmes que j'ai signalées, et où la chaleur devient alors soudanaise, sont toujours caressées par une brise qui aide le thermomètre à ne pas gagner les sommets où le conduirait facilement le feu du soleil dont les ardeurs y sont particulièrement vives.

De plus, il suffit de s'élever légèrement au-dessus du niveau de la mer, de gravir un morne, pour sentir de suite une différence de température de 2, 3, 4 et 5 degrés. Les promeneurs, à Terre d'en Haut, fréquentent tous le morne où se dresse la chapelle des marins. Au Pain de Sucre, existe la propriété Thomas sur le morne Cahouenne, en haut de la baie où les Anglais débarquèrent en 1809, où la température est réellement délicieuse.

A la Maison Blanche qui domine la rampe de l'Anse à Myr, les habitations sont agréables, même pour des Européens non acclimatés. Le Fort Napoléon et la Tour Modèle sont très frais ; il y a, sur celle-ci, des températures de 15 à 16° la nuit, sans humidité. La caserne du Fort est bien placée à ce point de vue, ainsi que le campement compris jadis sous le nom de caserne du Chameau, sur le flanc de ce morne, à 280 mètres d'altitude environ.

A Terre d'en Bas, la température moyenne est plus faible encore d'un bon degré. Au plateau supérieur du morne Paquet ou morne Létang, le thermomètre ne dépasse jamais 27 à 28°, et dans la saison fraîche, il y a, sur cette hauteur, une température exceptionnellement douce ; c'est ce qui la rend si favorable à certaines cultures.

Je prie d'excuser cette fastidieuse série de détails ; si je les expose, c'est que j'ai souvent entendu reprocher aux Saintes une température excessive. Mais il faut bien se garder d'ajouter foi à ce propos, car la chaleur n'y devient pénible que quand il fait calme. L'air est sec et voilà tout !

Mais, est-ce là un reproche à adresser à un climat ? Vraiment, il faut n'avoir pas la moindre expérience des données communes de l'hygiène pour nier que c'est le climat le plus favorable, dans les pays chauds.

Je sais d'avance qu'il me sera reproché par certains esprits de dire des lieux communs ; mais je leur réponds entre parenthèses ici, que ces lieux communs ne sont pas répandus dans les masses que je veux éclairer à ce sujet, s'il n'y a pas trop de prétention dans ce vouloir.

Les créoles, en général, supportent mal la période des vents du Nord, parce que ce vent est froid, humide, et se présente avec tout un cortège pathologique qui lui est propre : coryzas, grippes, bronchites, etc.

Rien de ce cortège aux Saintes ! L'atmosphère n'a aucune tendance à se saturer d'humidité ; l'état hygrométrique est toujours satisfaisant, conforme aux lois du bien-être.

D'autre part, les vents du Sud, ceux que l'on a l'habitude de considérer comme les plus pernicieux pour les Européens non acclimatés, ne sont que tout à fait passagers, vers le milieu de l'année, et ne peuvent en aucune façon leur être défavorables, à Terre d'en Haut du moins, car on en est abrité par les îles et les pics placés dans leur direction ; on les sent mieux à Terre d'en Bas.

Donc, ni les créoles ni les Européens n'ont rien à redouter de ce climat. Et je me permets, maintenant, de demander avec quelque hardiesse quel est le climat de la Guadeloupe qui remplit cette double condition.

Vers le mois d'août, au moment où commencent les grandes chaleurs, à la Grande-Terre, les créoles émigrent en masse au Camp Jacob, au Matouba, dont l'altitude a fait depuis longtemps une retraite dont le crédit augmente chaque année, pourrais-je dire. C'est le changement d'air classique, officiel. Il y aurait mauvaise grâce à ne pas admettre que la température y est d'une modération qu'envieraient certains points de l'Europe. Mais cela n'empêche pas de faire constater que les longues pluies, les grands bois, y entretiennent une humidité qui a ses inconvénients, puisqu'elle ne va pas sans exposer les individus, quels qu'ils soient, à des affections broncho-pulmonaires, aux rhumatismes... à toutes les maladies d'origine *a frigore* en un mot.

La caractéristique dominante du climat des Saintes est l'uniformité de la température ; il ne présente pas, comme dans les autres stations maritimes, les transitions brusques toujours à craindre. Cette qualité primordiale jointe à la saturation de l'atmosphère en chlorures rend le pays éminemment favorable à la guérison de certaines maladies au nombre desquelles se placent en première ligne ; la tuberculose, le paludisme, la dysenterie. C'est un fait d'ailleurs déjà connu. Les rhumatisants et les albuminuriques en retirent également de grands bénéfices.

La discussion serait interminable si je m'attachais à développer les points particuliers et montrer comment tel ou tel malade doit fatalement s'améliorer. N'est-ce pas cette circonstance particulière de salubrité générale qui a fait donner à ces îles le nom qu'elles portent ?

Comme conclusion, je serais désireux de voir se développer

un mouvement en faveur des Saintes quand il s'agirait de changer d'air. Ce mouvement existe déjà, mais on sent bien qu'il y a plusieurs difficultés à vaincre avant qu'il devienne tel qu'il devrait être. Parmi ces difficultés, la mode tient sa place habituelle; la mode ne veut pas encore rompre avec ses anciennes préférences. Viennent ensuite les ennuis du voyage, vite dissipés, ai-je dit, vite oubliés.

Il n'en est pas de même de ceux que causent les habitations et les communications. On trouve difficilement à se loger, et de plus les maisons ne sont pas confortables. La rareté et l'irrégularité des communications avec Pointre-à-Pitre ou Basse-Terre rendent presque insupportables les soins de l'alimentation, dont les ressources sont nulles. Ce sont là deux conditions subordonnées au bon vouloir de la population des Saintes, qui devrait élever des habitations adaptées aux besoins, de petits établissements de bains, etc., et assurer un service journalier avec Basse-Terre ou Trois-Rivières pour s'approvisionner en viande, légumes, lait, etc.

IV

Productions végétales et minérales.

Qui n'a pas entendu dire que les Saintes ne sont qu'une série de rochers arides où rien ne vient, rien ne peut pousser? C'est une opinion exagérée, vous répondrai-je; consultez donc à ce sujet le chapitre suivant. Mais, admettons qu'il en soit ainsi et considérons les productions du pays, j'entends ce qu'on y trouve tout simplement, car il faut bien qu'il y ait quelque chose. Il serait extraordinaire, n'est-ce pas, qu'un si joli paysage fût à ce point démuni qu'il ne fût pas même paysage.

En dehors de la saison sèche, tous les coteaux sont bien garnis des plantes annuelles diverses de nos contrées; ils sont d'une verdeur extrêmement riche et vive, particulièrement ceux de Terre d'en Bas, et en général tous ceux qui sont exposés au souffle des vents du Nord.

Certes, je ne puis pas prétendre que la flore soit aussi abondante ni surtout aussi variée que dans les autres points des zones tropicales; mais que l'on m'accorde au moins le droit de faire ressortir quelques types d'arbres ou d'arbustes qui ont de l'intérêt; je ne citerai d'ailleurs que ceux que l'on rencontre partout.

Le *poirier (cignonia paniculata)* est très répandu dans les îles des Saintes. Il forme à Terre d'en Haut, dans la partie du bourg appelée Fond Curé, une majestueuse allée qui couvre d'ombre la route qui la traverse et lui imprime un caractère bienfaisant. Il atteint vingt à trente pieds de haut; son diamètre ordinaire est de vingt pouces. Ses branches forment avec le tronc des coudures solides et disposées convenablement pour servir à la membrure des embarcations, l'étrave surtout. Aussi ces pièces sont-elles très recherchées des charpentiers de marine. Au Grand Ilet, il y en a de fort belles.

Plus commun encore que le poirier est le *mancenillier (hyppomane mancenilla)*. On le rencontre partout : dans l'intérieur des terres, sur le bord des routes, près du rivage. Tout le monde connaît de nom cet arbre. Et pourtant il arrive à chaque instant que les étrangers se laissent tenter par la petite baie appétissante et parfumée qui en est le fruit, et qui souvent couvre le sol comme pour mieux faciliter le désir.

C'est un poison violent ; il donne la mort en quelques heures. Tout dans l'arbre est mortel, d'ailleurs, sauf les graines que les enfants mangent quelquefois impunément — dit-on — (je n'ai jamais vu personne se livrer à cet exercice et ne l'ai pas essayé). Tout est mortel, dis-je, excepté aussi son ombre, à qui l'on attribue faussement des propriétés d'anesthésie éternelle, car on se rappelle trop la fin théâtrale de *l'Africaine* de Meyerbeer, ou les plaintes récitées de Millevoye :

Il s'éloigna, l'insulaire tremblante
Alla s'asseoir sous le mancenillier
Et commença d'une voix faible et lente
Ce chant lugubre et qui fut le dernier.

Je ne pense pas qu'il contienne dans sa sève un principe toxique spécial, car je ne suis pas arrivé à isoler ni à classer un alcaloïde typique ; il me semble plutôt agir par causticité comme les acides forts. Les feuilles et les racines contiennent un suc vésicant d'une violence indéniable. L'eau qui séjourne sur les feuilles un moment acquiert par osmose la même propriété. Aussi faut-il toujours recommander de se garantir l'épiderme et surtout les yeux. Cet organe est quelquefois assez sensible pour s'enflammer, lorsqu'on est resté étendu sous un mancenillier : l'air qu'il emprisonne sous ses branches touffues devient, après les grandes pluies d'hivernage, chargé de vapeurs extrêmement caustiques.

J'ai cherché à utiliser cette propriété de vésication pour les usages médicaux; bien que le mélange d'une goutte de suc pour dix gouttes de glycérine constitue un excellent mélange vésicant, le procédé n'est pas assez sûr pour qu'il devienne courant.

Sous le prétexte qu'on trouve le remède à côté du mal, les habitants considèrent l'eau de mer comme l'antidote du mancenillier. Il n'en est rien. Les personnes empoisonnées ne trouvent leur salut dans l'eau de mer qu'en vertu de son action émétique ou purgative, dont le résultat est de préserver les muqueuses d'un contact nocif prolongé. L'huile de ricin à doses répétées est supérieure; on y ajoute un peu de sucre et d'eau de chaux et l'on administre en même temps du café. En somme, c'est le traitement de l'empoisonnement par les acides forts, dont les symptômes sont d'ailleurs analogues.

Je reviendrai plus loin sur une propriété bienfaisante de cet arbre qu'il ne faut pas immoler, à mon point de vue.

Les flancs de tous les mornes sont parsemés de cettte variétés de cactus sauvage qu'on désigne sous le nom de *raquettes* et dont les feuilles épaisses et charnues, garnies d'épines, longues, fines et dangereuses, contiennent un suc mucilagineux très abondant. Ce suc est doué de propriétés émollientes qui permettent de l'utiliser avec avantage pour les bains, les onctions, les gargarismes. Je le recommande aux personnes atteintes de séborrhée sèche, de pityriasis du cuir chevelu (vulgairement: pellicules): on coupe la feuille en morceaux cubiques, après l'avoir débarrassée de ses piquants, on les jette dans une cuvette d'eau où on les malaxe et on se lotionne avec le mélange obtenu de consistance huileuse.

On trouve dans beaucoup d'endroits, et quelquefois sur d'assez vastes espaces, comme à Terre d'en Bas, du *bois d'Inde (myrtus acris)*, dont on retire, comme on le sait, un suc odorant très recherché dans l'industrie; ses feuilles servent de condiment en raison de leurs qualités aromatiques.

Citons encore le *bois de Savonnette (sapindus saponaria)*,

très léger, assez employé dans la construction par les charpentiers locaux ; le *bois enivrant,* du genre *piscidia,* bien connu pour ses propriétés d'anesthésie, je l'ai expérimenté avec succès contre l'hystérie (XV gouttes d'extrait fluide dans une potion) ; — le *Courbaril (hymenœa courbaril),* bois très dur et résineux ; — le *bois chandelle,* sorte d'agave très résineux qui brûle avec facilité ; — le *bois épineux,* etc.

Ce sont ceux que l'on rencontre le plus communément. Deux des plus répandus, formant quelquefois de grandes nappes qui interceptent les excursions, sont ; l'*Amourette,* semblable au brosimium de la Guyane, souvent enlacée d'acacia et le *mancenillier épineux* ou mancenillier non toxique (il est caustique pourtant, ses graines sont purgatives).

Les richesses minéralogiques de Terre d'en Haut, dont le terrain est plus varié qu'ailleurs, méritent une étude sérieuse au point de vue scientifique. Mais elles comportent aussi une étude industrielle que je suis surpris de n'avoir pas vu réalisée jusqu'aujourd'hui. Il n'est pas un pic, pas un coteau, pas un vallon qui ne puisse être exploité au point de vue minéralogique, à condition toutefois que l'exploitation soit en rapport avec la surface de l'île. A chaque pas, on heurte tantôt du sulfate de chaux, du sulfate de fer, d'alumine, de baryte, tantôt des sulfures métalliques, du pyroxène, etc., etc. Les terres sont presque toutes argileuses, et, comme le fer s'y trouve combiné sous divers degrés d'oxydation, produisent de l'ocre jaune, de l'ocre rouge et l'argile blanche, douce et onctueuse dite terre de pipe. Cette composition volcanique du terrain, on le comprend, a fait dire que le feu, à une époque éloignée, a mis en fusion les éléments primitifs des montagnes des Antilles et que la même cause a bouleversé, séparé les îles et constitué l'archipel des Saintes.

Jusqu'ici on n'a utilisé que l'ocre, la terre de pipe et l'oxyde de fer argileux. On se sert encore, dans ce petit pays, de l'ocre pour la peinture des bâtiments ; le moyen est pratique, suffisant et surtout bon marché.

D'anciens propriétaires possédaient autrefois des poteries

où s'approvisionnaient les habitants de toute la colonie. L'un d'eux s'exprimait ainsi : « Nul doute qu'un faïencier habile ne trouvât dans l'argile blanche une source de fortune et ne réussît à mettre dans le commerce des faïences aussi fines que celles de France, qu'il serait à même de laisser à des prix plus doux, n'ayant plus à supporter le fret, ni à craindre soit la chance de mer, soit un cassage toujours ruineux ». Cet industriel est M. de Sainte-Marie Grizel. On voit encore à Terre d'en Bas les restes de ces deux immenses fours : l'un à l'Anse à Dos, l'autre à la Grande Baie.

L'extrémité Ouest de l'îlet de la Coche présente une carrière de basalte en tables parallélogrammiques très dures qui pourraient très bien servir sans préparations dispendieuses à la confection d'excellents pavés pour les terrasses et les trottoirs.

L'un des versants du morne Joséphine, à l'Ilet à Cabrits, présente également une carrière de granit d'un grain très fin. On en a retiré autrefois des pierres de taille pour la construction. Pourquoi n'y a-t-on plus songé récemment quand il s'est agi, après divers incendies, de rétablir ou de restaurer certains édifices publics.

Le Fort Napoléon, rapporte-t-on, a été bâti avec des pierres analogues provenant du Pain de Sucre.

Le Morne à Craie est une véritable mine de craie.

En passant, je signale ces faits, en me contentant d'exprimer le regret de voir délaissé, parce qu'inconnu, un sol de ressources, spéciales peut-être, mais positives toujours.

Et pourquoi encore la chaux n'est-elle pas préparée en grand, puisqu'il est si facile de la retirer des pierres madréporiques que l'on trouve en si grande quantité sur le rivage, où les échoue sans cesse le flux impétueux ou caressant?

V

Commerce. Industrie. Agriculture.

Il est classique que les îles dont la distance n'est pas trop grande des centres commerciaux soient un peu des sortes de succursales à forme parasitaire, quand il s'agit de commerce. A l'heure actuelle, le commerce des Saintes est absolument nul; c'est un vrai malaise que l'on éprouve à le constater. Il est bien question de quelques négociants qui sont devenus très riches dans le pays, mais cela remonte à une époque où il comptait 150 hommes de troupe, à une époque où florissait la colonie entière et où les capitaux moins inquiets n'hésitaient pas à camper quelque part. Aujourd'hui la population par elle-même, indépendamment de sa pauvreté, vit d'une autre façon que jadis : elle se contente de trop peu pour favoriser aucunement le commerce. Ce sont des objets de toute première nécessité qu'écoulent les petits débitants, à part le tafia. Et encore le tafia n'a-t-il pas été apologiquement baptisé par un plumitif local « le vin des travailleurs »?

L'industrie principale, la seule, puis-je dire, est la pêche.

Anciennement, on cultivait le coton ; mais à la tête de cette entreprise se trouvaient de riches propriétaires qui utilisaient les bras des esclaves ou, plus récemment, faisaient servir les détenus du pénitencier central. Plus tard encore, la population paresseuse et vaincue à la fois, s'habitua à laisser mourir les immenses plantations de coton cédées par les vieux propriétaires.

La culture de la terre, d'ailleurs, est presque inconnue, les habitants ne s'y adonnent pas en raison de l'aridité du terrain qu'entretiennent les longues périodes de sécheresse. Du mois de janvier au mois d'avril, les coteaux sont souvent brûlés, beaucoup d'animaux périssent, tout pâtit par le manque d'eau.

Encore que cette raison soit des plus justes, il faut bien dire que l'initiative personnelle fait complètement défaut. Sur le flanc des hautes collines, la main de l'homme pourrait bien creuser de vastes citernes ou des mares qui serviraient de réservoirs pour de futures irrigations méthodiques des vallons inférieurs. Et il est de ces vallons fort bien exposés; pour ne citer que les plus connus : celui qu'encadrent le morne à Gondeau et la rampe Nord du Chameau, il est immense, il est frais ; le plateau de l'anse Figuier facilement arrosable par le Saut d'eau. Je demeure convaincu qu'on pourrait faire pousser là du café et du cacao comme dans les régions les plus arides de la Guadeloupe.

D'ailleurs, à Terre d'en Bas, il y a des plantations de café qui donnent un produit exquis, et l'on trouve sur la rampe du Chameau que je viens de citer des vestiges de caféiers indiquant une ancienne culture.

J'ai soulevé contre moi de fortes protestations, lorsque j'ai soumis l'idée d'agriculture aux quelques Saintois qui ont voulu m'écouter; malheureusement je n'ai eu que des théories à leur exposer. Pas de faits. Mais il faut le dire : le maniement de la pioche les effraie, tout le secret est là. Ce n'est pas l'aridité du terrain qui les arrête, c'est le moyen de produire. N'arrivent-ils pas à avoir du raisin ? La raison est qu'ils ne peinent pas pour l'avoir.

La vigne vient sans soins ; en très peu de temps, du tronc principal s'élancent de vigoureuses tiges qui ont vite garni les échalas protecteurs ; il en est même d'orphelines qui deviennent très satisfaisantes. Et voyageurs et touristes sont frappés de ce que les indigènes poussent l'apathie au point de ne pas aider du moindre effort un sol si complaisant. Deux fois par an, on peut faire une abondante récolte : mars et septembre. Chaque tonnelle donne environ de 25 à 30 grappes de raisin de 2 à 3 livres la grappe. On pourrait à la rigueur faire deux récoltes supplémentaires, mais les ceps s'en fatiguent vite, deviennent rabougris et ne produisent plus que de maigres grappes à petits grains ratatinés. Les grains, d'ordinaire, sont au contraire gros, tendus, présentent une transparence parfaite lorsque la maturité n'est pas précoce, et sont doués d'un parfum très musqué et d'une saveur délicieuse. De l'avis même des personnes que fanatise la pensée de leur clocher métropolitain, le raisin des Saintes ne le cède en rien à aucun raisin de France.

Je suis bien sûr que l'extension de cette culture serait une source de richesses considérables pour des propriétaires qui voudraient s'en occuper.

Quand vient l'hivernage, on se livre volontiers à la culture du maïs. C'est une sorte de contagion : de-ci de-là, on déblaye un bout de terrain, on y sème des graines et l'on attend : en quelques semaines, il vient assez d'épis pour constituer aux malheureux que le mauvais temps empêche de prendre la mer la seule et unique nourriture de bien des jours.

J'ai entendu dire que sur le coteau Est du morne Joséphine se trouvait autrefois un champ de tabac de plusieurs ares dont le rapport était relativement considérable. A cette place, il n'y a plus aujourd'hui que des goyaviers dont on connaît le motif de l'extension.

A Terre d'en Bas, ainsi que je l'ai dit plus haut, la culture est plus répandue. Les petits agriculteurs sont arrivés à avoir du café aussi agréable que celui qui pousse dans des terres plus propices.

Tout cela néanmoins ne donne pas une véritable idée de la vie journalière de ces hommes. Il semble que le Saintois a reçu en naissant la marque de sa destinée ; à peine a-t-il l'âge de raison qu'il s'arme instinctivement de la ligne de pêche, vole un canot ou rôde autour des filets. Les gamins des écoles se réunissent aux heures de liberté pour pêcher sur le rivage. Ce goût est fatal, atavique. Il se développe avec l'âge d'une façon extraordinaire, à tel point que les adolescents et même les hommes mûrs font de la pêche non seulement leur unique objectif sociologique, mais encore leur idéal de rêve. J'en ai connu, pour ma part, qui ne savaient comment employer leurs heures de repos ou d'oisiveté. Quand ils s'approchent d'un groupe où l'on cause et discute, si la pêche n'est pas en jeu, ils s'éloignent méprisants, ennuyés. Et pourtant, il faut voir au prix de combien de peines et de fatigues, ils pratiquent cette industrie ; on est stupéfait et meurtri de savoir de quelle médiocrité est leur gain ou salaire moyen.

Le genre de pêche varie suivant la saison. Pendant les quatre ou cinq premiers mois de l'année, ils *font la traîne*. Avant le lever du soleil, trois ou quatre hommes montant un boat d'une tonne environ, quittent les Saintes et filent vers Marie-Galante, la Dominique ou dans le Sud, croisent des heures entières sous les ardeurs d'un ciel de feu, luttent contre la lame tour à tour violente ou perfide, tantôt inquiets et fermes, tantôt souriants et nonchalants ; ils ne rentrent que le soir au coucher du soleil. A cette heure où le calme est très grand, on peut jouir alors d'un petit spectacle charmant et pittoresque. C'est la fin la plus suave des jours longs. Les femmes et les enfants des pêcheurs vont sur la berge épier l'horizon ; ils se groupent en causant, ils se querellent aussi. Petit à petit se dessine dans le loin une voile blanche qui oscille légèrement ; à peine entrevue, elle est reconnue et désignée par tout ce monde dont la vie tient à la vie de cette voile. Après celle-ci en vient une autre, puis plusieurs, et pendant un gros moment on voit ces petites embarcations s'approcher, lutter inconsciemment de vitesse et atterrir lentement, comme fatiguées de ce voyage d'un jour, toujours obéissantes néanmoins. Les hommes, eux, trempés et las, réintègrent avec peines leurs agrès et versent sur le sable leur pêche. Trop souvent ils n'ont « rien piqué », ils en expliquent les raisons : « la lune, les courants, les hameçons... » Ils retourneront demain. En attendant, le travail n'a rien produit : il n'y a rien pour la famille. On mangera demain ; pour ce soir on jeûne. Demain, si « rien n'est piqué », on se serrera encore le ventre ou l'on se contentera d'une croûte de pain achetée sur la pêche à venir. C'est affreux, mais c'est réel. Et j'ai vu, trop souvent ai-je dit, ces scènes se reproduire. Oh! comme ces êtres paient cher leur indépendance!

La traîne cesse au moment où commence l'hivernage, à l'époque bien connue d'avance des marins, où les traîtrises des éléments deviennent trop grandes et trop fréquentes.

Ils fréquentent alors davantage les bancs de grand et de petit fond, à la ligne, au « casier », ou bien encore collaborent aux opérations des seines dont ils constituent les diverses équipes.

J'ai assisté à une particularité de la pêche à la seine de couleur toute locale, elle est bien amusante. C'est celle qui suit l'échou des filets. « Les Saintois sont grisés par la vue du poisson » est un dicton qu'ils répètent eux-mêmes chaque fois qu'ils se laissent aller à leurs impressions; quand le poisson arrive, en effet, avec abondance et que les seines regorgées le vomissent, hommes, femmes, enfants se ruent sur le tas échoué qui frétille dans son agonie; ils se ruent dans une mêlée furieuse où pleuvent des cris, des injures et des coups. Chacun se dégage tant bien que mal de cette cohue, emportant contus et loqueteux, mais souriant quand même, le fruit de sa rapine. C'est le coup dit *du varage*.

Les embarcations dont se servent les pêcheurs sont en général des canots de quinze à dix-huit pieds de long. Mais depuis de nombreuses années, depuis la pirogue d'origine indienne, les charpentiers de l'île, devenus légion, grâce à la généralisation de l'unique industrie, savent lui donner une solidité à toute épreuve; à cette qualité, ils joignent une légèreté et une grâce qui lui assurent une marche supérieure. Le prix moyen d'un canot de 15 pieds est de 300 francs. Les marins sont esclaves de leurs canots, ils en prennent un soin extrême et l'entretiennent dans une propreté telle qu'ils sont reconnus partout où on les rencontre. C'est à ces soins méticuleux qu'il faut attribuer, sans doute, la rareté des accidents : on ne compte guère qu'un naufrage, en moyenne, par année. Dans cet ordre d'idées, il est intéressant de signaler une différence dans l'art de la navigation des habitants de

Terre d'en Haut et de ceux de Terre d'en Bas. Les premiers lestent le plus possible leurs embarcations pour leur assurer la plus grande stabilité ; ils ont moins d'accidents. Les autres voyagent presque toujours au-dessous de la ligne de flottaison ; ils ont plus d'accidents, mais moins de noyés en somme, car au lieu de couler bas comme les précédents, ils se sauvent sur l'esquif, dont le lest n'est pas suffisant pour le perdre, et qui flotte.

Pour remplir ce cadre, il me faut dire un mot de la chasse. Il n'est qu'un nombre restreint d'indigènes qui en font une industrie. D'ailleurs ce n'est qu'à l'époque de la sécheresse que le gibier pourrait constituer une ressource suffisante. Ce gibier est la tourterelle presque exclusivement. Le ramier passe pendant l'hivernage ; mais il est devenu, paraît-il, extrêmement rare. Je n'ai jamais eu la chance d'en tirer. La tourterelle, au contraire, m'a fourni souvent l'émotion de son abondance. Et pour être agréable aux chasseurs, je leur recommanderai la buvette de la coulée des Souffleurs. Ce sont deux vallons, au Sud de la pointe Zozio, très étroits, dominés par des escarpements assez vifs que fréquentent les troupeaux de moutons ; deux vallons où le vent s'engouffre en hurlant parfois et semble être une plainte aiguë poussée par l'Océan. Je leur recommanderai ensuite le Saut d'eau où l'on est bien abrité du soleil et du bruit par le Chameau menaçant ; la Plaine, autre source au pied du Chameau, mais au Sud, à laquelle on arrive péniblement ; la buvette de Morel au sommet du morne de ce nom ; la buvette du Fort Napoléon, trop à nu. Partout il y a des tourterelles d'ailleurs quand la sécheresse se prolonge tant soit peu. A Terre d'en Bas, elles sont plus nombreuses encore ; l'anse des Mûriers, l'anse à Chaux, la Grande Baie ont des bois qui sont de véritables repères de gibier. On peut considérer le Pâté comme une volière de tourterelles. La Coche en recèle des quantités, qui, le matin, s'envolent au Grand Ilet où les attirent des sources satisfaisantes, et il s'établit ainsi à la pointe basse du Grand Ilet un passage bien nourri où peuvent se distinguer les tireurs de marque. J'ai fait souvent la chasse dans les falaises aux mois de mai et juin, monté sur un canot qui longe la côte ; on peut ainsi tirer, à une cinquantaine de mètres, beaucoup de ces oiseaux juchés au haut des rochers au pied desquels ils viennent s'abattre et rouler dans l'eau.

IV

Établissements et services publics.

Le Pénitencier.

L'Ilet à Cabrits ne présenterait actuellement rien d'intéressant si l'on n'y avait pas construit, depuis 1866, deux établissement importants de la colonie : le pénitencier et le lazaret.

Le pénitencier est bâti sur l'emplacement de l'ancien Fort Joséphine, à une altitude presque équivalente de celle du Fort Napoléon qui lui fait face. L'ascension en est assez pénible, quelque route que l'on suive ; les divers sentiers qui y conduisent représentent environ un trajet de 1.200 mètres.

A 75 mètres au-dessus du niveau de la mer, à l'intersection de ces différentes routes, se trouve un plateau où l'on voit encore les restes d'une caserne qui était, autrefois, réservée à un détachement d'infanterie de marine commandé par un lieutenant; le détachement était chargé de la surveillance extraordinaire et de la répression des prisonniers.

Ces bâtiments sont fort endommagés par les coups de vents, mais ils pourraient être facilement restaurés et utilisés.

Sur le pénitencier des Saintes ne sont dirigés que les détenus condamnés à plus d'un an de prison, à la réclusion et aux travaux forcés; ces derniers sont évacués sur Cayenne par convois, deux fois par an en moyenne.

Les locaux affectés aux prisonniers de l'Ilet n'offrent aucune sécurité, aucune garantie. Ils se composent, somme toute, d'une vaste baraque fermée de planches simples qui nécessitent des réparations continuelles. Dans le même bâtiment, sur les ailes, sont logés les gardiens : leurs chambres sont indignes d'être utilisées à ce point de vue.

Les simples prisonniers, dont le nombre moyen est de 30 à 40, sont répartis dans une salle commune, dont les grilles sont ouvertes à quelques mètres à peine sur les appartements du régisseur, qui devient ainsi aussi surveillé que surveillant.

Les forçats et les réclusionnaires sont logés dans une salle voisine, inversement exposée ; ils se trouvent dans les mêmes conditions d'habitation que les premiers, c'est-à-dire pêle-mêle et sans clôture plus soignée. Ces conditions insuffisantes de claustration nécessitent, de la part des gardiens, une surveillance de tous les instants ; car il n'est pas rare, on le conçoit, qu'il y ait des tentatives d'évasion. L'un d'eux remarqua, une nuit, au cours d'une ronde, que la lumière filtrait à travers une planche tout près de l'insertion de celle-ci contre une grosse poutre de soutien ; un forçat l'avait séparée petit à petit avec une lame de vieux fer de quelques centimètres à peine, et s'était fait prendre juste au moment où il franchissait l'issue artificielle qu'il avait eu tant de peine et de patience à se fabriquer.

Le nombre des évasions effectives est restreint ; car le plus souvent les fugitifs n'ont pas le temps de quitter l'îlet ni de se munir d'une embarcation quelconque. Quand ils réussissent à se procurer le nécessaire, ils gagnent la Dominique ; l'un d'eux fut arrêté, récemment, à Terre d'en Bas, où il avait été poussé, sur une porte de magasin qui lui servit de radeau toute une nuit.

Les simples détenus sont seuls autorisés à quitter la prison pour travailler sous la plus étroite surveillance. Leur travail commun consiste à convertir en cailloux, pour macadamiser les routes de la colonie, les énormes blocs rocheux qui sont attachés aux flancs du morne Joséphine.

Le service général de la prison comprend encore un aumônier et un médecin.

Le Lazaret.

Le lazaret des Saintes est bâti dans un vallon que dominent à l'Est le morne Joséphine et le morne Bombarde, à l'Ouest, le morne à Cabrits.

Il se compose de plusieurs grands et beaux bâtiments bien compris, bien exposés, dont l'ensemble est très séduisant à la vue. Le vallon étroit sur les hauteurs duquel ils sont disposés est bien aéré, sans pour cela être balayés par le vent, dont le mettent d'ailleurs à l'abri, sauf au Nord, les pics avoisinants. Il est à 40 mètres environ au-dessus du niveau de la mer; le terrain en est volcanique, sans marécages, ce qui fait du lazaret un établissement exceptionnel : il satisfait, j'ose dire, à toutes les exigences d'aération, de lumière, de salubrité qui manquent souvent à ces stations sanitaires.

Il jouit de plus de cet avantage d'être isolé sans éloignement. On peut se rendre de Terre d'en Haut au lazaret en une vingtaine de minutes. Et pourtant, si la surveillance du gardien comptable et des agents sanitaires s'effectue convenablement, l'isolement est parfait. Il ne faut pas perdre de vue que c'est le seul point où l'isolement naturel puisse être complet. A ce point de vue, les Saintes rendent un service inappréciable, car on ne peut songer sans frémir aux conséquences terribles qui éclateraient à l'occasion d'une maladie épidémique sérieuse et grave, si la colonie n'avait à sa disposition que le lazaret de l'Ilet à Cosson, tout près de la Pointe-à-Pitre.

Les pouvoirs locaux ont agité, l'année dernière, la question de désinfecter le lazaret des Saintes pour le transformer en établissement hospitalier. Certes, les grandes salles des bâtiments sont admirablement aptes à donner asile à des malades dont le nombre s'accroît parallèlement à la misère publique. Mais il est presque sûr qu'on ne tarderait pas à regretter cette transformation, s'il sévissait la plus petite variole, le plus faible choléra; je ne veux pas même faire songer à la peste.

Dans le cas où la nécessité de cet établissement ne s'imposerait pas à tout le monde, pour des raisons que je ne chercherai pas à démêler, je crois qu'il vaudrait mieux songer à un sanatorium. Le nombre des tuberculeux, à la Guadeloupe, est considérable et la maladie, comme partout, fait des progrès rapides. Si nous nous exposons à nous laisser mordre par des épidémies accidentelles, couvrons-nous donc du côté de la tuberculose en isolant le plus de malades possible. Les isoler, c'est mieux les soigner déjà et c'est soigner aussi les personnes qui ont un terrain propice.

Je n'ose insister sur cette idée dont la réalisation pratique rencontrera autant d'oppositions que toutes les innovations. Un sanatorium à la Guadeloupe s'impose, et il me suffit, je crois, de faire appel aux médecins qui ont exercé dans la colonie, pour faire partager mon opinion, à savoir que la tuberculose enlève progressivement au pays ses forces vives dans une proportion considérable. Il s'impose d'autant plus qu'il n'est question, à l'heure actuelle, dans les journaux, dans les groupes éclairés, dans les congrès, que des résultats inespérés donnés par les sanatoria de l'Allemagne, de la France, etc. Or, ces sanatoria, à part une ou deux exceptions, n'offrent pas l'ensemble des qualités climatériques de l'Ilet à Cabrits.

Le Fort Napoléon.

Le Fort Napoléon commande l'entrée de la passe Nord. C'est une construction ancienne, avec de belles tranchées, qui est intéressante à visiter. Je n'en ferai pas l'historique (voir *Histoire de la Guadeloupe*, de Ballet). La route qui y mène est très jolie : elle longe la mer en falaise dans sa première partie, jusqu'à la Maison Blanche; à partir de là, la pente en est très douce, ce qui en fait une promenade fort agréable.

C'est au Fort Napoléon qu'était casernée la compagnie de discipline des Saintes qui y a exécuté plusieurs travaux.

Une grande prison est au premier plan ; c'est « la Cellule ».

Le bâtiment qui possède encore des réserves de gargousses, de poudre, etc., etc., est dans son entier confié à la garde d'un employé de l'artillerie. L'artillerie entretient encore avec le même soin la batterie de la Tête Rouge.

Les officiers français en tenue sont autorisés à visiter le fort et la batterie; tout profane est obligé de faire, pour visiter, une demande préalable au directeur de l'artillerie.

La Caserne.

Dans un coin du mouillage de Terre d'en Haut, une bonne caserne étale encore sa force, altérée pourtant par les secousses terrestres de ces dernières années. C'est là qu'habitait, avant 1890, la compagnie d'infanterie de marine. Aujourd'hui, elle n'est plus occupée que par les bureaux de l'Inscription maritime, dirigés par un syndic de la marine relevant du service administratif colonial.

L'Hôpital.

En face de la caserne se trouve l'hôpital, qui serait en mesure de redevenir hospitalier s'il lui était accordé les quelques réparations nécessaires. Par un décret spécial, le médecin des colonies chargé du service aux Saintes est autorisé à habiter le pavillon des officiers.

La Maison Blanche.

Sur la route qui conduit au fort s'élèvent de jolies maisons groupées au-dessus de l'anse à Myr. Elles forment une sorte de modeste hameau, très coquet, avec une teinte générale blanche. C'est pourquoi ce petit groupe d'habitations a pris le nom de Maison Blanche. Elles étaient autrefois la propriété des officiers, au nombre de cinq ou six. L'artillerie ne peut aujourd'hui les entretenir que d'une façon pauvre; il en est qui sont très endommagées.

Je me suis souvent demandé si la direction de l'artillerie n'aurait pas trouvé un double intérêt à louer ces habitations aux divers fonctionnaires de Terre d'en Haut, dont l'embarras est quelquefois très grand en matière de logement, ou même à des particuliers qui ne demanderaient pas mieux, j'en suis sûr.

La même question s'est posée à mon esprit, en ce qui concerne la caserne de gendarmerie, que le budget colonial paie fort cher et qui serait aussi bien placée dans les bâtiments de la caserne d'infanterie ou à l'hôpital.

Les Saintes comptent encore : deux aumôniers, un médecin des colonies, un percepteur centralisateur, un receveur des contributions, un receveur des postes, quatre instituteurs, cinq institutrices, un pilote maître de port, un syndic des gens de mer, un brigadier des douanes commandant une forte équipe, un brigadier de gendarmerie commandant une brigade complète, deux gardes champêtres, un distributeur des postes.

Le service postal est régulier : trois fois par semaine, avec Basse-Terre.

Ces seules communications seraient réellement insuffisantes, s'il n'existait un câble télégraphique reliant Basse-Terre aux Saintes et celles-ci à Pointe-à-Pitre.

VII

Constitution médicale.

Il semblerait, d'après ce que j'ai dit plus haut, d'après même l'expérience de certaines personnes autorisées, que cette île serait une sorte de retraite bénie où il ferait bon émigrer quand on se sent las, et attendre que l'âge nous pousse doucement et comme par surprise dans la fosse qui nous est réservée. Cette opinion est pleine de vérité. J'ai pu me faire, pendant le temps que j'y ai vécu, une idée exacte et je serais heureux de pouvoir la faire partager. Je tiens à en faire connaître les points faibles, nosologiquement parlant, pour mieux mettre en évidence le caractère d'indiscutable et unique salubrité sur lequel j'ai insisté. J'y reviens parce que je le sens nécessaire.

A mon point de vue, le sanatorium de la colonie n'est pas le Camp Jacob que protègent des siècles d'officielle consécration, ni Gourbeyre, ni les autres hauteurs bien connues. Il y plane des brouillards, l'humidité est pénétrante parfois, et à combien de reprises n'y a-t-on pas vu éclater, à côté de la malaria qui y sommeille, une série de maladies infectieuses. J'en demande pardon à ceux qui ne sont pas *a priori* de mon avis et qui me jetteront pour unique argument « la température insensée qu'il fait dans les îles ». Le sanatorium de la Guadeloupe, je le répète, est aux Saintes. Et je ne veux, pour me soutenir, que les personnes qui n'ont pas cédé au classique entraînement vers les régions couramment recommandées et qui ont accompagné un malade cher, presque mourant ou déclaré incurable, aux Saintes, — oui, aux Saintes, — et s'en sont retournées avec ce même malade, deux mois après, complètement rétabli, transformé, guéri.

Je puis dire, d'emblée, que toutes les maladies que j'y ai constatées sont le résultat d'une mauvaise hygiène privée ou d'une misère particulière, ces deux facteurs s'associant souvent.

Deux maux terribles absorbent cette petite population : la tuberculose et l'alcoolisme.

Il est surprenant et navrant, à la fois, de constater presque sous chaque toit un cas au moins de tuberculose. Bien qu'elle évolue lentement, en général, elle pardonne assez rarement ; on ne peut pas lutter contre elle. D'année en année, elle envahit, et ce serait une bien consolante entreprise que de l'arrêter ou de chercher à briser son infernal galop. Je sais qu'on taxe toujours d'exagération cette tendance que subissent certains esprits, à deviner, sans qu'on les éclaire, le mal caché sous une paupière lasse, une bouche contractée, des épaules amaigries, une attitude désespérée ; je puis assurer que souvent cette exagération n'est qu'une lamentable réalité. Il appartient aux édiles, aux autorités compétentes et aux intéressés eux-mêmes, à qui il ne faut plus le laisser ignorer, de joindre leurs efforts pour combattre cette envahissante déchéance et cette lente décrépitude.

Quant à l'alcoolisme, il est aussi général que la tuberculose : presque tout le monde boit une moyenne d'alcool supérieure à la moyenne des habitants de la ville la plus éthylique de la France, soit dix à douze litres d'alcool pur par an, un litre par mois, ce qui représente un peu moins de deux litres de la liqueur commune, le tafia. Terre d'en Bas en consomme plus que Terre d'en Haut, toutes proportions gardées. Cette détestable habitude a considérablement affaibli les jeunes générations issues de souches si vigoureuses.

Je ne parlerais pas de l'alcoolisme si je n'avais reçu plusieurs questions à ce sujet, qui toutes peuvent se résumer en celle-ci : « Est-on aux Saintes plus dégénéré qu'ailleurs à la Guadeloupe ? » Ce qui revient à demander si l'on boit davantage. A proprement parler, non! les chiffres de consommation sont à peu près les mêmes partout; mais relativement, oui! car les conditions de l'existence matérielle y étant inférieures, l'hygiène et l'alimentation surtout laissant à désirer, l'ennemi a plus de facilité pour s'installer. L'ennemi s'appelle alors la tuberculose.

La longévité des habitants était, il y a quarante ou cinquante ans à peine, un fait légendaire : c'était l'époque où le bien-être et le confort existaient dans toute leur plénitude. J'ai vu quelques-uns de ces robustes octogénaires qui m'ont donné une idée de la constitution des générations précédentes. Théoriquement, on doit la refaire cette constitution; pratiquement, il faut essayer de la refaire.

Dans un pays où la troupe a séjourné si longtemps, où les compagnies de discipline se sont succédé à brefs intervalles, souvent j'ai été étonné de ne pas rencontrer plus de tares d'origine vénérienne. Les maladies de ce genre étaient, dit-on, complètement inconnues, il y a quelques années à peine, et, de fait, je dois convenir qu'il m'est tombé sous les yeux des cas bien isolés, très rares au point de vue numérique. Il est probable qu'elles se répandront, étant donné que les insulaires rebutent un peu moins les étrangers et qu'ils se sont départis, à ce point de vue, de la méfiance et de la raideur qui caractérisent les villes ou villages où sont bornées les relations, bornés les rapports.

Je devrais passer sous complet silence la question du paludisme, car on ne peut guère s'étendre que sur des réalités. Or le paludisme n'existe pas aux Saintes. Je serais curieux d'avoir l'avis de mes confrères à cette occasion, surtout de ceux qui ont eu le temps, comme moi, et comme moi la curiosité d'observer tous les malades de l'île. Je n'ai jamais rencontré un cas de paludisme franc, c'est-à-dire né sur place, jamais d'accès d'aucun type connu. A diverses reprises, je me suis trouvé en face de fièvres paludéennes, mais jamais ces fièvres n'émanaient des Saintes, elles avaient été contractées au dehors, sur le littoral de la Guadeloupe, ou dans l'intérieur des terres, par des colons qui venaient alors en changement d'air, ou encore par les pêcheurs saintois qui vont chercher à l'entrée des rivières les bambous et les lianes nécessaires à leurs engins professionnels, ou bien par des employés (douaniers) ayant vécu quelque temps dans des localités malsaines. Il semble même je dois l'indiquer tout de suite, que nos indigènes des Saintes ont une susceptibilité spéciale pour la malaria ; un séjour de vingt-quatre heures, une nuit à la belle étoile, en dehors de chez eux (pas en mer, bien entendu) suffit à les exposer à deux, trois accès à forme quotidienne ou quarte.

J'ai signalé pourtant l'existence des marais, et l'esprit conçoit difficilement des marais sans fermentations, sans miasmes, ou, pour parler plus scientifiquement, sans microbes, sans infections. De ces marais, les uns se dessèchent avec une grande rapidité (Marigot, Petit Etang, Mûriers) et leur influence nocive, si nocivité il y avait, serait anéantie par le fait de leur exposition même. Les autres, dont le plus important est celui de la Grande Anse (Terre d'en Haut), sont presque permanents et devraient engendrer des infections et des réinfections répétées. En fait, non !

Longtemps, j'ai cherché la cause de cette immunité d'un pays où existent pourtant toutes les variétés de cousins ou de moustiques, depuis les formes les plus anodines, appelées vulgairement maringouins, jusqu'aux types les plus ordinairement malarifères : Culex et Anopheles y sont. Certes, le voisinage de la mer, la constance de la brise, la saturation saline de l'air peuvent expliquer le difficile développement des manifestations paludéennes. Mais, en admettant qu'on les joigne ensemble, ces causes ne forment pas un tout suffisant pour me convaincre.

Il serait plus rationnel d'admettre avec M. Grellet *(Revue scientifique)* que la chaux donne une immunité incomplète mais appréciable aux pays dont les terres en contiennent dans leurs couches superficielles, et que ces marais, comme ceux de Taïti et de la Nouvelle-Calédonie, sont frappés d'inhibition malarigène par le fait de la combustion lente des madrépores échoués sur le bord des rivages voisins.

Mais ce n'est pas encore là, à mon sens, la principale raison. J'attribue un rôle de premier ordre au mancenillier qui borde comme d'une ceinture tous ces marais. Le mancenillier exerce une action asséchante comme l'eucalyptus : il est facile de s'en rendre compte. De plus, je crois qu'il possède une propriété plus efficace encore, celle de rendre le moustique éclos près de lui ou qui a pris contact avec lui, impropre à devenir l'agent de l'infection paludéenne. Or tout le monde sait, depuis les derniers travaux italiens surtout, que le moustique, hôte intermédiaire de l'hématozoaire cause du paludisme, doit présenter des conditions d'organisation spéciales pour entretenir cet hématozoaire. J'ai presque la certitude que le mancenillier, où vont fatalement s'abriter les grandes éclosions de moustiques, les rend incapables d'inoculer un .microbe actif, en s'opposant à son développement, à son évolution, soit en agissant sur les glandes venimeuses du parasite, soit en agissant sur toute sa cavité cœlomique. J'ai eu, à plusieurs reprises, comme la confirmation clinique de cette hypothèse — car ce n'est qu'une opinion sans aucun fondement expérimental jusqu'à présent — dans le fait que beaucoup de personnes présentent simultanément à certaines époques, aux époques correspondant aux grandes volées de moustiques, une éruption cutanée phlycténoïde qui se manifeste subitement, plus marquée aux parties du corps susceptibles de rester nues à l'air. Ces phlyctènes ne sont-elles pas les traces des tarières encaustiquées des moustiques ? Ou bien ne sont-elles, comme on le croit, qu'une éruption relevant d'une intoxication alimentaire par le poisson. Autre fait : toutes les fois que les marins reviennent de la Guadeloupe, chargés de bambous et de lianes, il est curieux de voir la quantité de moustiques qui couvrent et emplissent l'embarcation, bien qu'on ne procède à cette opération de déchargement que 12, 15, 24 heures après l'atterrissage. Or il n'est pas rare d'observer des cas de fièvre non seulement chez les marins qui ont fait le voyage, mais encore chez ceux qui ont aidé au déchargement et ceux qui habitent près du débarcadère. Cela est notable, à Terre d'en Bas surtout.

Il y a là un point intéressant à approfondir ; je me propose de le faire dans un but scientifique.

Donc, pas de paludisme.

Les autres maladies tropicales sont, en somme, assez rares ; elles sont timides quand elles se présentent, sauf une peut-être : la filariose, qui est presque aussi commune qu'à la Guadeloupe et aussi variée dans ses formes.

Rare est la lèpre, contrairement à ce que l'on voit partout dans les pays chauds. Elle est, d'ailleurs, d'une évolution lente et revêt la forme mutilante dans les quatre cinquièmes des cas. Or nous savons que la nourriture exclusive de la population est le poisson. Que penser donc de l'ichthyophagie à laquelle beaucoup d'auteurs font jouer un rôle primordial dans l'étiologie de cette maladie ? Bien que l'on ne prenne vis-à-vis des lépreux existants aucune précaution d'isolement, la contagion est nulle ; car, en deux ans, je n'ai observé que six malades dont trois déjà déformés, c'est-à-dire qui n'ont pas pu être contaminés pendant cette époque. Le moustique, que l'on veut encore en l'espèce considérer comme l'agent de contamination, serait donc aussi peu efficace que pour le paludisme. C'est vraiment heureux, et l'on est presque tenté de lui souhaiter une longue carrière, à ce moustique.

Je ne saurais trop recommander aux promeneurs et excursionnistes de prendre les plus grands soins d'asepsie quand ils se font une blessure quelconque aux Saintes. Le tétanos y est très commun. J'en ai eu à soigner plusieurs : un seul a guéri. Le bacille est répandu aussi bien sur le sable que sur les coteaux où vivent le plus souvent les troupeaux de moutons.

C'est une connaissance parfaitement générale que celle des poissons vénéneux, dont les intoxications se traduisent par une symptomatologie variée. Au nombre de ceux-ci il faut signaler : là *bécune (sphyræna picuda)* dont l'usage provoque la maladie appelée *signatera* par les Espagnols ; le *coffre ginga* qui est très dangereux par la tête ; la *carangue jaune ;* la *carangue à gros yeux* ; la *vive* de certains fonds :

le *tassard* ; le *pagre gris;* *l'oreille noire*, sorte de pagre à nageoires pectorales noires ; certaines espèces de *vieilles*. Ces poissons ne sont pas toujours toxiques, ce qui laisse sceptiques pas mal de gourmets ; mais je puis affirmer qu'il n'est pas prudent d'y goûter malgré la délicatesse de leur chair.

On connaît aussi bien les poissons venimeux. J'ai eu l'occasion d'observer les effets du *vingt-quatre heures*, nom commun que porte une sorte de synancée, à cause des phénomènes de fièvre et de douleur locale que provoque la piqûre de ce poisson pendant une journée environ. La piqûre est sans gravité.

VIII

Les Saintes, point d'appui de la flotte.

J'ai insisté, au début de cette monographie, sur l'importance de la rade des Saintes qui constitue, comme je l'ai montré, une rade de protection par excellence. Elle est divisée en deux parties : l'une, extérieure, comprise entre Terre d'en Bas et les deux pointes Cahouenne et Cabrits ; l'autre, beaucoup plus étroite encore que très spacieuse, qui est cette sorte de cuvette bordée par le littoral de Terre d'en Haut et par celui de l'Ilet à Cabrits. Trois entrées y conduisent : l'une au N.-O., très large (2.700 mètres de la pointe Cabrits au Pâté), qui est la voie généralement suivie quand on vient de Basse-Terre ; les deux autres, qui sont de véritables passes, sont désignées sous les noms de passe du Nord et passe du Sud. Celle-ci est assez facile et s'étend entre la pointe Cahouenne ou de Boisjoli jusqu'à la pointe du Fer à Cheval (distance, 850 mètres). La passe Nord est plus large si l'on veut ; elle mesure 1.200 mètres entre la pointe Portail et la pointe Bombarde ; mais l'accès en est rendu difficile par la présence de deux rochers dont l'un émerge de l'eau vis-à-vis de la pointe Coclett qui en est séparée par une distance de 225 mètres ; l'autre est plus éloigné et n'est pas apparent ; il est distant de la pointe Portail de 650 mètres, de la pointe Bombarde de 450 mètres. A cause de la forme qu'ils rappellent, on leur donne le nom de « baleines » : Baleine de terre au premier, Baleine du large au second. Ils sont séparés l'un de l'autre par une distance de 325 mètres. Les navires qui veulent passer entre les baleines se dirigent droit sur l pointe Boisjoli de façon à avoir le Pain de Sucre à bâbord et la pointe du Sable à tribord.

La rade extérieure, en raison de la vaste entrée qui la commande au Nord-Ouest, n'offre pas un ensemble de garanties comparables à celles de la rade intérieure, et l'on a coutume de ne considérer que celle-ci quand il est question de la rade des Saintes.

Je ne dirai rien des mouillages près Terre d'en Bas. La municipalité de cette commune a souvent réclamé que les navires de guerre y séjournassent de temps en temps ; mais il est de toute impossibilité de la contenter.

Chaque année, les bateaux de la division de l'Atlantique font des séjours variables dans la rade des Saintes, où il viennent pratiquer les exercices de tir et autres, qu'ils ne peuvent faire ailleurs. Le bateau-école des aspirants (*Iphigénie* jusqu'en 1899, *Duguay-Trouin* depuis) y fait une campagne assez prolongée, pendant laquelle on développe largement l'instruction des futurs officiers.

La profondeur de la rade varie entre 12 et 24 mètres, suivant les points ; elle est plus grande encore quand on s'approche du côté Nord. Un point appelé le Haut Fond, marqué par une bouée, ne présente que 2 mètres de fond ; il occupe une superficie de 100 mètres carrés environ et se trouve placé sur l'intersection des lignes qui iraient de la pointe du Sable à l'anse du Fond Curé et de la pointe Coclett au Pain de Sucre. Malgré la présence de ce Haut Fond, la rade est encore très vaste.

Une escadre assez importante peut y évoluer sans danger. Voici des chiffres qui pourront permettre de se faire une idée de son étendue : je les ai calculés aussi exactement que possible en mètres :

Distance de la pointe Bombarde à la pointe Coclett	800
— de la pointe du Sable à l'anse du Bourg	1250
— de la pointe Bombarde à l'anse du Bourg	1400
— de la pointe du Sable au Pain de Sucre.........	920
— du Pain de Sucre à l'anse du Bourg	1900

Distance	de la pointe du Sable au morne Rouge........	775
—	du morne Rouge au Pain de Sucre............	1000
—	de l'anse du Bourg au morne Rouge..........	1000
—	de la pointe du Sable à la pointe Coclett......	1150
—	de la pointe Cabrits au Pain de Sucre.........	1400

Outre son étendue et sa profondeur, sa protection naturelle fait de la rade un mouillage exceptionnel. Il lui est arrivé un peu de discrédit, à la suite de la catastrophe de la goélette l'*Anémone* en 1824, ainsi qu'après la perte du *Vautour* en 1875 (on voit encore près du débarcadère de l'anse du Bourg les épaves du *Vautour*). Mais l'on peut assurer que c'est à tort. J'ai vu d'autres bateaux, en 1899, supporter admirablement le cyclone qui a soufflé du Nord-Ouest pendant plus de deux heures; et l'*Anénome* comme le *Vautour* auraient dû pouvoir résister à leur coup de vent respectif.

Je n'ai pas une grande compétence pour traiter la question de savoir si les Saintes constituent une bonne position militaire. Je me crois autorisé néanmoins à répondre par l'affirmative, en raison de ce fait que la défense m'en parait facile et qu'elle peut devenir sans grands sacrifices un point d'appui excellent pour la flotte.

« Cette rade, a dit un ancien ordonnateur, doit être considérée comme le boulevard avancé, à la conservation duquel est attachée celle de notre colonie, de cette belle possession de la Guadeloupe. »

Il est impossible d'admettre que les Saintes puissent assurer la conservation de la Guadeloupe qui tombera facilement aux mains de l'assiégeant si elle n'est pas défendue elle-même à terre. Pourtant, la proximité des Saintes peut lui être d'un puissant secours, comme je le montrerai plus loin.

A l'époque où ce patriote écrivait les précédentes lignes, le département n'avait pas les charges de ses nouvelles conquêtes : Tonkin, Madagascar... et la Guadeloupe était caressée par la métropole qui en était fière; ses lignes de défense étaient suffisantes. Dans l'empire colonial que nous nous sommes créé, la Guadeloupe tient maintenant une toute petite place, et cela se conçoit, d'autant plus que la Martinique, sa voisine, qui bénéficie des efforts de la marine actuellement, est appelée, si je ne m'abuse, à jouer le rôle des Saintes.

Cependant, puisque le sénatus-consulte concernant les points d'appui de la flotte française a marqué les Saintes à côté de Fort-de-France; puisqu'il a été voté, à titre d'indication, une somme destinée à la réalisation du projet de la défense, nous devenons inquiets en face de la prolongation du *statu quo*, et, sans vouloir insister de peur de formuler une utopie d'ignorant, il serait fort à désirer que ce projet ne soit pas retardé trop longtemps dans son exécution.

Il y a une vingtaine d'années, presque tous les mornes de Terre d'en Haut et de Terre d'en Bas étaient garnis de batteries dont on trouve encore les vestiges. L'artillerie n'entretient plus, aujourd'hui, avec le Fort Napoléon, que la batterie de la Tête-Rouge. Au sommet du Chameau s'élève encore la Tour Modèle dans toute sa vigueur d'ancien fortin. On y arrive par un chemin actuellement dégradé, après une heure de marche environ ; ce chemin est le reste d'une route savamment construite, jadis, sous la direction du génie.

De la Tour Modèle, on domine la haute mer à de grandes distances, et, par les matins clairs, l'œil embrasse une étendue immense et peut distinguer non seulement la Dominique, Marie-Galante et Désirade d'une façon très nette, mais encore il peut apercevoir la Martinique à l'aide d'une lorgnette.

On se rend compte d'emblée de l'utilisation de cette hauteur au point de vue sémaphorique.

Multiples sont les propositions de fortifications, ou du moins de défense, qui ont été faites : autant d'amiraux et de généraux inspecteurs, autant de projets différents, autant de vues diverses qui ont toutes leur part d'originalité et leur valeur individuelle. Les uns concentrent la défense à la Tour Modèle ; d'autres, à l'Ilet à Cabrits ; d'autres enfin, pour des raisons économiques, se laissent tenter par la simple hauteur de Cahouenne.

Il m'est impossible de faire la critique de chacune des combinaisons que j'ai entendu développer, car je ne puis avoir aucune autorité dans une question spéciale sur laquelle je n'ai pas les connaissances techniques suffisantes.

En principe, quand on organise un système de défense, il faut qu'il soit complet, autant que possible. Mais en admettant qu'il en devienne ainsi pour les Saintes, cela n'apportera aucune garantie; la Guadeloupe ne sera pas protégée pour cela.

A mon point de vue, le système doit être juste suffisant pour permettre à nos navires de ne pas rester bloqués dans la rade des Saintes, d'entrer et sortir avec assez de facilité, tout en empêchant l'ennemi d'user de la même liberté, en un mot pour assurer à ces navires la faculté de faire provision de charbon. La construction d'un fort à la Tour Modèle et le rétablissement de l'ancienne batterie Joséphine ne l'assureraient-ils pas ? Je ne doute pas que ce soit là une entreprise coûteuse; mais elle aurait l'avantage en même temps de protéger un rayon très étendu.

La question du charbon est la question capitale. Fort-de-France est tout prêt et pourra suffire, dit-on, à approvisionner la division. Il faudrait d'abord être parfaitement sûr que l'approvisionnement n'y rencontrera aucune difficulté, ni même aucun retard. De plus, en cas de guerre de course, il ne faut pas oublier que le résultat de la lutte est subordonné au maximum de vitesse. Le charbonnage, aux Saintes, outre qu'il serait facile, serait une opération plus rapide qu'à Fort-de-France. Et il n'y aurait rien de surprenant que les navires venant du Nord, par exemple, trouvent leur salut à développer leur maximum de vitesse, sans être obligés de ne compter que sur Fort-de-France. Les ravitailler aux Saintes, c'est créer dans l'Atlantique une somme de chances double pour notre succès; dans tous les cas, c'est donner un élément de défense considérable à la Guadeloupe.

Bordeaux. — Imprimerie du Midi, P. Cassignol, 91, rue Porte-Dijeaux.

www.ingramcontent.com/pod-product-compliance
Lightning Source LLC
LaVergne TN
LVHW010048230826
846091LV00005B/1893
* 9 7 8 2 0 1 2 8 3 5 7 4 0 *